Forståelse og samarbeid mellom religioner

Tale av
Sri Mata Amritanandamayi

Oversatt til engelsk av
Swami Amritaswarupananda Puri

Mata Amritanandamayi Center, San Ramon
California, Forente Stater

Forståelse og samarbeid mellom religioner
Sri Mata Amritanandamayi

Utgitt av:
Mata Amritanandamayi Center
P.O. Box 613
San Ramon, CA 94583
Forente Stater

––––––––*Understanding and Collaboration between Religions (Norwegian)* –––––––

Copyright © Mata Amritanandamayi Mission Trust, Amritapuri, Kerala, 690546, India
Alle rettigheter tilhører utgiver. Ingen del av denne publikasjon må oppbevares i et lagringssystem, reproduseres, omskrives eller oversettes til noe språk, i noen form uten forutgående tillatelse fra utgiveren.

Første norske utgave av MA Center: april 2016

Den Norske hjemmeside: www.amma.no

I India:
inform@amritapuri.org
www.amritapuri.org

Sri Mata Amritanandamayi

Forord

Den 2. mai 2006, holdt Amma talen "Forståelse og samarbeid mellom religioner" ved mottakelsen av den fjerde årlige James Parks Morton Interfaith Award. Prisen ble utdelt av *The Interfaith Center of New York* på *The Rubin Museum of Art* i Chelsea-distriktet på Manhattan.

The Interfaith Center of New York (ICNY) utdelte prisen for 2006 til Amma for hennes enestående arbeid for å fostre *forståelse og respekt mellom religionene* — ICNY's viktigste formålsparagraf. "Ammas liv er dedikert aksept" sa grunnleggeren av *The Rubin Museum*, Donald Rubin, da han introduserte Amma forut for prisoverrekkelsen. "Ved å nå ut til og akseptere alle mennesker gjennom den fysiske handling i form av omfavnelse, transcenderer hun alle religiøse og politiske oppdelinger. Aksepten og kjærligheten som omfavnelsen viser i praksis, skaper den heling vi alle trenger. Det er den heling våre mødre ga oss da vi var spedbarn. Det er denne heling som Amma har gitt verden."

ICNY var særlig imponert over det massive nødhjelpsarbeid som Ammas ashram påtok seg i etterkant av tsunamien i Asia i 2004 og var interesserte i å høre Ammas tanker om forståelse og samarbeid mellom religioner i lyset av den erfaring.

"Når naturkatastrofer oppstår, åpnes folks hjerter, hinsides ideer om kaste, religion og politikk" sa Amma i talen sin. "Den fordomsfri holdning folk uttrykker i slike situasjoner kommer og går like fort som et lynglimt. Hvis vi isteden kan klare å holde barmhjertighetens flamme levende inni oss, kan den fortrenge mørket som omgir oss"

Selv om Amma holdt talen sin på morsmålet Malayalam, kunne alle deltakerne følge med takket være simultanoversetting til engelsk. Ammas ord var ikke teoretiske fremlagt av en akademiker, men gjennomtrengt av hennes innsikt og personlige erfaring og som sådan bar de en reell tyngde – som gjorde et synlig inntrykk på alle i forsamlingen.

Sammen med akseptet av at religion er nødvendig, understreker Amma ustanselig hvor viktig det er for religionsutøvere å trenge inn til kjernen i alle trosretninger. "Akkurat som man suger saften ut av et sukkerrør og spytter ut stilken, bør religiøse ledere oppmuntre sine tilhengere til å ta til seg essensen i religion—hvilket er spiritualitet—og ikke legge for stor vekt på de ytre aspekter. Dessverre er det mange i dag som spiser stilken og spytter ut essensen", sier Amma.

Amma beklaget også det faktum at mens vismenn og helgener legger vekt på åndelige verdier, synker deres etterfølgere ofte ned i institualisering. Amma sa: "Resultatet er at de selvsamme religioner som var ment å spre fred og harmoni ved å tre folk sammen på kjærlighetens perlekjede, er blitt årsaken til krig og konflikt. På grunn av vår ignoranse og begrensede perspektiv, stenger vi de store sjeler inne i religionens små huler. I deres navn har vi låst oss selv inne i egoets fengsel og har fortsatt med å puste opp vårt ego og kjempe mot hverandre. Hvis dette fortsetter, vil forståelse og samarbeid for alltid bli en luftspeiling."

I sin avslutning, sa Amma at en ett-ordsløsning for nesten alle problemer som verden står overfor i dag, er "medlidenhet" og understrekte viktigheten for alle tilhengere av alle trosretninger, å tjene de fattige og lidende. "Å hjelpe de fattige og trengende er sann bønn" sa Amma

"Uten medlidenhet vil alle våre anstrengelser være spilte".

Da Amma avsluttet talen fyltes salen på the Rubin Museum of Art med applaus og kort etter kom deltakerne ved prisutdelingen frem for personlig å motta Ammas kjærlige omfavnelse.

Swami Amritaswarupananda Puri
Nestleder
Mata Amritanandamayi Math

Fem andre ble æret samtidig med Amma: Mottaker av Nobel Fredspris 2005 Dr. Mohammed Elbaradei, leder av Det internasjonale atomenergibyrå; Høyesterettsdommer Stephen G. Breyer (USA); den berømte amerikanske skuespiller Richard Gere, for hans innsats som leder av Healing the Divide og som styreformann for Den internasjonale Tibet-komité;
samt paret Feisal Abdul Rauf, Imam av Masjid Al-Farah, og Daisy Khan, Leder av the American Society for Muslim Advancement.
Av andre som tidligere har mottatt den inter-religiøse pris fra ICNY, kan nevnes de tre Nobel Fredspris-vinneres —Hans Hellighet Dalai Lama, erkebiskop Desmond Tutu og Shirin Ebadi— samt tidligere president for USA, Bill Clinton.

Forståelse og samarbeid mellom religioner

Takketale av
Sri Mata Amritanandamayi
holdt på the Interfaith Center of New York
The Rubin Museum of Art
2. mai 2006, New York City

Forståelse og samarbeid mellom religioner

Jeg bøyer meg ned for alle her, som er legemliggjørelsen av ren kjærlighet og den Høyeste Bevissthet.

Først vil jeg gjerne overbringe mine beste ønsker for det Inter-religiøse Center i New York. Må denne organisasjon være i stand til å tenne kjærlighetens og fredens lys i tusener på tuseners hjerte under den kyndige ledelse av den høyt respekterte James Parks Morton. Det inter-religiøse Center i New York fortjener særlig hæder for sine dyptfølte aktiviteter i etterkant av tragedien d.11.september, som tok livet til tusener av mennesker, inkludert uskyldige barn. Lat meg også benytte anledningen til å uttrykke min dyptfølte glede over at denne konferanse er blitt holdt og for den tro dere har hatt til meg.

Faktisk, er det alene på grunn av uselviskheten og selvoppofrelsen til millioner av hengivne over hele kloden, at jeg har vært i stand til å yte noen tjeneste til samfunnet. Egentlig går denne Pris og anerkjennelse til dem. Jeg er kun et redskap.

Forståelse og samarbeid mellom religioner

Emnet for denne tale; "Forståelse og samarbeid mellom religioner", har vært diskutert på tusener av konferanser over hele jorden. Og mens slike diskusjoner – og arbeidet til organisasjoner som denne – har brakt religionene sammen til en viss grad, fortsetter våre sinn imidlertid å være plaget av frykt og engstelse for denne verden og dens fremtid.

For å endre denne situasjon, trenger vi bedre forståelse og mer samarbeid mellom religionene. Både religiøse ledere og statsoverhoder fremsetter dette poeng på møter som dette. Men vi er ofte ute av stand til å vise den samme velvilje i handling som vi gjør i talene. Vi deler mange ideer på disse møter, men når vi prøver å leve etter dem, klarer vi det ikke på grunn av påvirkningen fra ulike former for press. et møte uten åpne hjerter, er som en fallskjerm som ikke kan åpne seg.

Hver religion har to aspekter: den ene er dens filosofiske lære forklart i skriftene, den andre er spiritualitet. Den første er religionens ytre skall, og spiritualitet dens indre essens. Spiritualitet er oppvekkelsen av ens sanne natur. Dem som gjør en innsats for å lære deres Sanne Selv å kjenne, er i sannhet fulle av tro. Uansett religion, hvis man forstår de spirituelle prinsipper, kan man nå

Takketale av Sri Mata Amritanandamayi

det ultimative mål, virkeliggjørelsen av ens sanne natur. Hvis ett glass inneholder honning er fargen på glasset underordnet. Motsatt, vil religion bli redusert til blind tro og lenke oss, hvis vi mislykkes i å ta spirituelle prinsipper til oss.

Meningen med religion er å transformere vårt sinn. Det krever at man tilsetter spiritualitet – religionens innerste essens. Enhet mellom hjerter, er det som gir enhet mellom religioner. Hvis hjertene våre mislykkes i å forenes, vil vi isteden for å være på lag med hverandre, drive fra hverandre og all vår anstrengelse vil bli fragmentert.

Religion peker ut veien som et veiskilt. Målet er spirituell opplevelse.

For eksempel, peker en person på et tre og sier: "Se på det tre. Kan du se frukten på den grenen? Hvis du spiser den vil du oppnå udødelighet". Det vi skal gjøre da er å klatre opp i treet, plukke frukten og spise den. Hvis vi isteden holder fast ved personens finger, vil vi aldri bli i stand til å nyte frukten. Det svarer til å klynge seg til skriftenes ord, frem for å ta til seg de spirituelle prinsipper som de peker på.

Akkurat som man suger saften ut av et sukkerrør og spytter ut stilken, bør religiøse ledere oppmuntre sine tilhengere til å tilegne seg essensen av religion – som er spiritualitet – og ikke gi ytre aspekter for mye viktighet. Dessverre er det mange i dag som spiser stilken og spytter ut saften.

Religionens kraft ligger i spiritualiteten. Spiritualitet er kittet som befester oppbygningen av samfunnet. Å praktisere religion og leve uten å tilegne seg spiritualitet, er det samme som å konstruere et tårn ved bare å stable murstein uten mørtel imellom. Den vil lett gå fra hverandre. Religiøs tro uten spiritualitet blir livløs, som en del av kroppen som er avskåret fra blodsirkulasjonen.

Energien fra et atom kan enten brukes til skapelse eller ødeleggelse. Vi kan bruke den til å utvinne elektrisitet til gode for verden. Vi kan også produsere en atombombe som ødelegger alt. Valget er vårt. Tilegnelse av spiritualitet i religionen er som å utvinne elektrisitet av atomet, mens religion uten spirituell perspektiv vil føre til stor fare.

Selv i gamle dager, eksisterte kastesystemet og andre socio-religiøse oppdelinger i ulike kulturer. Den gang var slike oppdelinger tydelige og synlige for alle. I dag derimot, taler vi som om vi er ekstremt oppmerksomme på viktigheten av religiøs enhet og likhet, men inni oss fortsetter

Takketale av Sri Mata Amritanandamayi

hatet og hevnlysten å rase. I gamle dager, var problemene for det meste på det grove plan, men nå er de på et subtilt plan og dermed også mer kraftfulle og gjennomtrengende.

Jeg minnes en historie. Der var en notorisk forbryter i en by. Hver kveld klokken 7, ville han stå og henge på et bestemt gatehjørne, hvor han ville antaste og fornærme kvinner og unge jenter som gikk forbi. Frykten gjorde at ingen kvinne ville passere denne vei etter solnedgang, men gjemme seg bak lukkede dører i hjemmene sine. Atskillige år gikk på denne måte inntil forbryteren plutselig døde en dag. Imidlertid, holdt kvinnene i området seg fortsatt innendørs etter solnedgang. Med undring spurte noen folk hvorfor det ikke var noen som ville gå ute. Kvinnene svarte, "Da han var i live, kunne vi se ham med våre egne øyne. Da visste vi når og hvor han sto. Men nå er det hans **gjenferd** som plager oss. Så nå kan han angripe oss hvor som helst, når som helst! Han er mer mektig og inntrengende nå som han er subtil". Tilsvarende er det med våre dagers socio-religiøse oppdelinger.

Faktisk er religion en begrensning skapt av mennesker. Ved fødselen, har vi ingen bindinger eller begrensninger med hensyn til religion eller språk. De er blitt innlært, og betinger oss med tiden. Akkurat som en liten plante trenger et beskyttende hegn, er denne binding nødvendig til et visst punkt. Så snart planten har vokst til et tre, overgår den hegnet. Tilsvarende må vi bli i stand til å gå utover våre religiøse bindinger og bli "ubetinget".

Det er tre ting som gjør mennesker **menneskelige**. 1) Den intense trang til å vite meningen og dybden i livet gjennom analytisk tenkning. 2) Den mirakuløse evne til å gi kjærlighet. 3) Kraften til å være gledesfylt og gi glede til andre. Religion bør hjelpe mennesker med å virkeliggjøre alle disse tre. Først da vil religion og mennesker bli komplette.

Mens store sjeler vektlegger spirituelle verdier, gir deres tilhengere ofte større vekt på institusjoner og organisasjoner. Det resulterer i at religionene, som var ment til å spre fred og ro ved å knytte folk sammen i kjærlighetens tråd, blir årsaken til krig og konflikt.

På grunn av vår ignoranse og begrensede perspektiv, sperrer vi Store Sjeler inne i religionens små huler. I deres navn har vi låst oss selv inne i egoets fengsel, og har fortsatt med å forstørre vårt ego og kjempe mot hverandre. Hvis dette fortsetter, vil forståelse og samarbeid forbli en illusjon for alltid.

Det var en gang to menn på en tandem-sykkel som forsøkte å kjøre opp en bratt bakke.

Selv om de strevde alt de orket, kom de bare et lite stykke på vei. Slitne og utkjørte, steg de ned fra sykkelen for å hvile. Forpustet og dekket av svette, sa mannen foran på sykkelen; "Hvilken **bakke**! Uansett hvor hardt vi tråkker til, kommer vi ingen vei. Jeg er mørbanket og min rygg slår meg i hjel". Da mannen som satt bakerst hørte dette sa han; "Hallo kamerat, tror du at **du** er sliten! Hvis jeg ikke hadde stått på bremsen hele tiden, ville vi ha rullet hele veien ned igjen".

Bevisst eller ubevisst, er det dette vi gjør i navnet av gjensidig forståelse og samarbeid. Vi åpner ikke våre hjerter på grunn av den dype mistillit til hverandre som er rotfestet i oss.

I virkeligheten finnes prinsippene om kjærlighet, barmhjertighet og enhet i hjertet av all religiøse lærdom.

Kristendommen sier; "Elsk din neste som deg selv", hinduismen sier, "Vi bør be for at andre må få det vi ønsker for oss selv", Islam sier, "Hvis eselet til din fiende rammes av sykdom, må du ta deg av det", jødedommen sier, "Å hate sin neste er ensbetydende med å hate seg selv". Selv om det er uttrykt på ulike måter, er det det selvsamme prinsipp som overbringes. Betydningen av alle disse skriftsteder er: Ettersom den samme Sjel, eller Atman, er iboende i allting, må vi se og tjene alle som En. Det er folks forvrengte intellekt som gjør at de oversetter disse prinsipper på en begrenset måte.

Jeg minnes en historie. En gang malte en berømt kunstner et bilde av en fortryllende ung kvinne. Enhver som så bildet ble forelsket i henne. Noen av dem spurte maleren om kvinnen var hans elskede. Da han svarte "Nei", insisterte de alle på at de skulle gifte seg med henne og nekte andre å gjøre det. De insisterte, "Vi ønsker å vite hvor vi finner denne vakre kvinne". Maleren sa til dem, "Beklager, men faktisk har jeg aldri sett henne. Hun har ingen nasjonalitet, ingen religion eller språk. Det som dere ser i henne er ikke skjønnheten til et individ, heller. Jeg ga simpelthen øyne, en nese og en form til den skjønnhet som jeg bærer inni meg".

Men ingen av dem trodde på kunstnerens ord. De beskyldte ham sint og sa; "Du ljuger for oss. Du ønsker bare å ha henne for deg selv!". Kunstneren sa rolig til dem; "Nei, vær snill ikke å se dette maleri på et overfladisk plan. Selv om dere søker over hele jorden, vil dere ikke finne henne – hun er kvintessensen av all skjønnhet". Ikke desto mindre ignorerte folkene kunstnerens ord og ble forblindet av malingen og maleriet. I deres intense begjær etter å erverve seg den unge dame, kranglet de og bekjempet hverandre til de ble utslettet.

Vi oppfører oss også på denne måten. I dag søker vi etter en Gud som bare hviler i bilder og skrifter. I denne søken har vi gått oss vill.

Skriftene sier at hver av oss ser verden gjennom farget glass. Vi ser i verden det vi overfører. Hvis vi ser med øyne av hat og hevnfølelse, vil verden fremstå nøyaktig slik for oss. Mens hvis vi ser med øyne av kjærlighet og medfølelse, vil vi ikke se annet enn Guds skjønnhet overalt.

Jeg har hørt om et eksperiment utført for å få svar på hvorvidt denne verden virkelig er som vi oppfatter den. Forskerne ga en ungdom et par briller som forvrengte synet hans. Deretter ba de ham bære brillene konstant i 7 dager. De første tre dager var han rastløs og hans oppfattelse av allting var ganske forstyrret. Men etter tre dager, tilpasset øynene seg fullstendig til brillene og dermed forsvant ubehaget. Det som først fikk verden

Takketale av Sri Mata Amritanandamayi

til å se merkelig og forvrengt ut, ble senere til en normal opplevelse.

På samme måte bærer vi hver især ulike typer briller. Det er gjennom disse glass at vi ser verden og religion. Vi reagerer ut fra det. På grunn av dette, er vi ofte ute av stand til selv å betrakte andre folk som mennesker.

Jeg husker en opplevelse som en religiøs leder delte med meg for noen år siden. Han dro til et program på et hospital i Hyderabad, India. Da han kom ut av bilen og gikk mot hospitalet, så han at mange kvinner var linet opp på begge sider av veien for å motta ham på tradisjonell vis – mens de holdt oljelamper og rå ris. Da han gikk inn i deres midte, dyppet de risen i oljen og slengte den i ansiktet hans. Han sa til meg, "Langt fra å være en varm velkomst, var det en av vrede og motstand. Jeg gestikulerte til dem at de skulle stoppe, mens jeg dekket ansiktet med hendene, men de fortsatte ufortrødent".

Senere spurte han om folkene i mottakelsen trodde på Gud? Hospitalseieren fortalte at de var troende og at de tilhørte staben hans. Han svarte, "Det tror jeg ikke, for jeg kunne føle vrede og uforsonlighet i deres oppførsel". Eieren ble mistenkelig og sendte en for å undersøke hendelsen.

Forståelse og samarbeid mellom religioner

Dette er hva han så... folkene, som hadde tatt imot den religiøse leder, var nå forsamlet i et rom, hvor de lo. Med forakt i stemmen utbrøt en av dem høyt, "Jeg ga virkelig den djevel en omgang". Personalet tilhørte en annen religiøs tro. Da sjefen deres tilkalte dem, var de nødt for å komme og ta imot gjesten. Men de hadde ingen forståelse av sann religion eller spirituell kultur. Faktisk var deres holdning at folk fra andre religioner var djevler.

Det er to typer av ego. Den ene er maktens og pengenes ego. Men den andre er mer destruktiv. Det er det ego som føler, "Min religion og synspunkt er det **eneste** riktige. Alle andre tar feil og er ikke nødvendige. Jeg vil ikke tolerere noe annet". Dette er det samme som å si; "Min mor er god, men din er en prostituert". Denne måte å tenke og oppføre seg på er årsaken til alle religiøse gnidninger. Med mindre vi fjerner disse to typer av ego, vil det bli vanskelig å bringe fred inn i vår verden.

Villigheten til å lytte til andre, evnen til å forstå dem og storsinnetheten til å akseptere selv dem som er uenige med oss – dette er tegn på sann spirituell kultur. Dessverre er det akkurat disse kvaliteter som mangler i dagens verden.

Takketale av Sri Mata Amritanandamayi

Ikke desto mindre, åpner folk hjertene sine når det skjer naturkatastrofer, og tanker om kaste, religion og politikk overskrides. Da tsunami´en ramte Sør-Asia, forsvant alle barrierer av religion og nasjonalitet. Alle hjerter smertet av medfølelse med ofrene. Alle øyne felte tårer sammen med deres Og alle hender rekte ut for å tørke disse tårene og hjelpe folket.

Utallige er de tilfeller hvor hjertet og sjelen min er blitt fylt, ved synet av ateister og folk fra forskjellige politiske partier og trosretninger, som har arbeidet dag og natt side om side med beboerne i vår ashram (kloster) i en ånd av selvoppofrelse. Den fordomsfri holdning og medfølelse som uttrykkes i slike situasjoner, kommer og går imidlertid så fort som lynet. Hvis vi isteden makter å holde medfølelsens flamme levende inni oss, kan det fordrive mørket omkring oss. På denne måte vil dryppene av medfølelse vokse til en rivende strøm inni oss. Lat oss omforme den kjærlighetens flamme til en glans, strålende som solen. Dette vil bringe Paradis på jord. Evnen til å gjøre dette dveler inni oss alle; det er vår rett og sanne natur.

En ballong med Helium vil stige til værs uansett hvilken farge den har. På samme måte kan folk fra alle religioner stige til store høyder hvis de fyller hjertene sine med kjærlighet.

Amma minnes en historie. Engang var verdens farger samlet. Hver av dem erklærte; "**Jeg** er den viktigste og mest elskede farge". Samtalen kulminerte i en krangel. Grønn proklamerte stolt; "Sannelig, **Jeg** er den viktigste farge. Jeg er tegnet på liv. Trær, planter – alt i naturen er i min farge. Trenger jeg si mer? Blå avbrøt; "Hei, stopp våset ditt! Du taler kun om jorden. Ser du ikke himmelen og havet? De er begge **blå** i kuløren. Og vann er grunnlaget for liv. Ære til **meg**!... fargen av uendelighet og kjærlighet".

Etter å ha hørt dette, ropte rød: "Nok er nok! Ti stille alle i hop! Jeg er herskeren over dere alle – jeg er blodet. Jeg er karakterstyrken og motets farge. Uten **meg** var det ikke noe liv." Midt i det hele talte hvit med mild stemme: "Dere har alle forelagt deres synspunkter, men jeg har bare **én** ting å si: Ikke glem at **jeg** er essensen av **alle** farger." Fortsatt trådte mange andre kulører frem, lovpriste storheten sin og herredømmet over de andre. Det som begynte som en meningsutveksling endte gradvis opp med å bli en ordkrig. Fargene var til og med innstilt på å utradere hverandre. Plutselig ble himmelen mørk. Det

Takketale av Sri Mata Amritanandamayi

tordnet og lynte, etterfulgt av en voldsom nedbør. Vannet steg raskt høyere. Trær ble veltet om kull og hele naturen var i opprør. Rystende av frykt ropte fargene hjelpesløs; "Redd oss".

Akkurat da hørte de en stemme fra oven; "Dere farger! Hvor er deres ego og falske stolthet nå? Dere som kjempet så tåpelig om herredømmet, ryster nå av frykt, ute av stand til selv å redde deres egne liv. Alt dere erklærer som deres kan forsvinne på et øyeblikk. Dere må forstå én ting – selv om dere er forskjellige er dere hevet over sammenlikning. Gud har skapt hver eneste av dere med et bestemt formål. For å redde dere selv, må dere stå forent hånd i hånd. Hvis dere står sammen i enhet, kan dere stige opp og rekke hen over himmelen. Dere kan bli til regnbuen med alle sju kulører, stående harmonisk side ved side – symbolet på fred og skjønnhet, tegnet på håp for morgendagen. Fra den høyde, forsvinner alle ulikheter og dere ser alt som ett. Må deres enhet og harmoni bli en inspirasjon for alle".

Hver gang vi ser en vakker regnbue, kan vi føle oss inspirert til å jobbe sammen som et lag, med gjensidig forståelse og verdsettelse.

Religioner er blomster arrangert for tilbedelse av Gud. Hvor vakkert det ville være hvis de stod sammen! De ville da spre duften av fred ut over hele verden.

Religiøse ledere bør stå frem for å synge fredssangen for universell enhet og kjærlighet. De burde bli som speil for verden. Rensing av speilet gjøres ikke for speilets skyld, men for at dem som ser inn i det bedre kan rense sitt eget ansikt. Religiøse ansvarshavende må bli rollemodeller. Eksemplet som religiøse ledere vil avgjøre renheten av deres tilhengeres handlinger og tanker. Kun hvis personer med et nobelt sinn praktiserer religiøse idealer, vil deres tilhengere ta til seg den samme ånd og føle seg inspirert til å handle nobelt. På en måte burde alle bli en rollemodell, fordi det alltid vil være noen som tar oss som et eksempel. Det er vår plikt å ta dem som ser opp til oss i betraktning. I en verden med rollemodeller vil det ikke være krig eller våpen. De vil bli redusert til intet annet enn en vond drøm for lenge, lenge siden. Hære og ammunisjon vil bli som utdaterte gjenstander som hører hjemme på et museum – symboler på vår fortid, hvor mennesker feilet fra veien til målet deres.

Vår feiltakelse er at vi er blitt bedratt av religionens kunstige aspekter. Lat oss rette denne feil. Lat oss sammen virkeliggjøre religionens

Takketale av Sri Mata Amritanandamayi

hjerte – universell kjærlighet, hjertets renhet, mens vi ser enhet overalt. Vi lever i en tid hvor hele verden reduseres til en global landsby. Det vi trenger er ikke bare enkel religiøs toleranse, men dyp gjensidig forståelse. Vi bør fjerne misforståelser og mistillit. Lat oss si farvel til rivaliseringens mørke tidsalder og markere begynnelsen på en ny æra av kreativ samarbeid mellom religionene. Vi har akkurat trådt inn i det 3. årtusen. Må fremtidige generasjoner kalle dette for Det religiøse vennskaps og samarbeids årtusen.

Tillat meg å fremme noen få forslag for alles oppmerksomhet:

1) En ett-ords løsning på nesten alle problemer som verden står overfor i dag er: "medfølelse". Essensen av alle religioner ligger i å være barmhjertig overfor andre. Religiøse ledere bør understreke viktigheten av medfølelse gjennom sine egne livs eksempel. Ingenting er det så fattig med i dag som rollemodeller. For å bygge over denne kløft, bør religiøse ledere gå foran.

2) På grunn av vår misbruk av naturen og generelle mangel på aktsomhet, er jorden blitt forurenset. Religiøse leder bør utføre kampanjer for å skape bevissthet omkring viktigheten av å beskytte naturen.

Forståelse og samarbeid mellom religioner

3) Vi er kanskje ikke i stand til å avverge naturkatastrofer. Og ettersom mennesker ikke har kontroll over sitt ego, er det kanskje ikke mulig å unngå krig og andre konflikter fullstendig. Men hvis vi tar en oppriktig beslutning, kan vi helt sikkert fjerne sult og fattigdom. Alle religiøse ledere bør gjøre sitt beste for å nå dette mål.

4) For å nære forståelsen mellom religionene, bør hver religion opprette sentre hvor andre trosretninger studeres grundig. Dette bør gjøres med en visjon av berikelse, ikke med bakenforliggende motiver.

5) Akkurat som solen ikke trenger lyset fra et stearinlys, trenger Gud intet fra oss. Å hjelpe fattige og trengende er sann bønn. Uten medfølelse, vil all vår anstrengelse være nyttesløs – som å helle melk i en uren beholder. Alle religioner bør vektlegge dette aspekt av medfølelse.

Lat oss nå be og arbeide sammen for å skape en gledesfylt morgendag, fri for konflikter, hvor religioner arbeider sammen i glede, fred og kjærlighet.

Takketale av Sri Mata Amritanandamayi

---

*Må vårt livs tre være grundig rotfestet i
kjærlighetens jord.
Lat gode dyder være bladene på dette tre;
Må ord av vennlighet danne dets blomster;
Må fred være dets frukt.
Lat oss gro og utfolde oss som én familie, forent i
kjærlighet – så vi må gledes og feire vår enhet i en
verden hvor fred og tilfredshet råder.*

www.ingramcontent.com/pod-product-compliance
Lightning Source LLC
Chambersburg PA
CBHW070049070426
42449CB00012BA/3205